Liebe Mondfreunde,
liebe Leserin, lieber Leser,

dies ist mein Mondphasen-Handbuch für den täglichen Gebrauch!
Entstanden vor vielen Jahren - nur für mich - nur als Manuskript.
Jetzt steht es endlich als Buch zur Verfügung.

In diesem handlichen und für das tägliche, einfache Arbeiten
konzipierten Buch finden Sie alle Details über das Leben mit dem
Mond in Bezug auf Gesundheit, Schönheit, Haushalt und Ernährung.

Mit einem einfachen Mondphasen-Kalender aus dem Buchhandel
(gibt es als A4-Blätter in denen nur die Mondphase und das
Tierkreiszeichen des jeweiligen Tages angegeben sind) können
Sie das Buch auch als Mondkalender für viele Jahre verwenden.

Binden Sie dieses Handbuch in Ihren Tagesablauf ein und sammeln
Sie eigene Erfahrungen.

Viel Freude mit meinem Mond-Phasen-Hand-Buch!

Gabriele Wambach

Gabriele Wambach

MOND
PHASEN
HAND
BUCH

Der ideale Ratgeber kompakt erklärt
Glücklich leben • Gesundheit unterstützen • Arbeit erleichtern

Bibliografische Information der Deutschen Nationalbibliothek:
Die Deutsche Nationalbibliothek verzeichnet diese Publikation
in der Deutschen Nationalbibliografie, detaillierte bibliografische
Daten sind im Internet über http://dnb.dnb.de abrufbar.

Gestaltung und Fotografie:
Rudi Wambach Fotodesign

Herstellung und Verlag:
BoD - Books on Demand, Norderstedt

ISBN: 978-3-7448-2137-7

Mensch mit Tierkreiszeichen und Organen

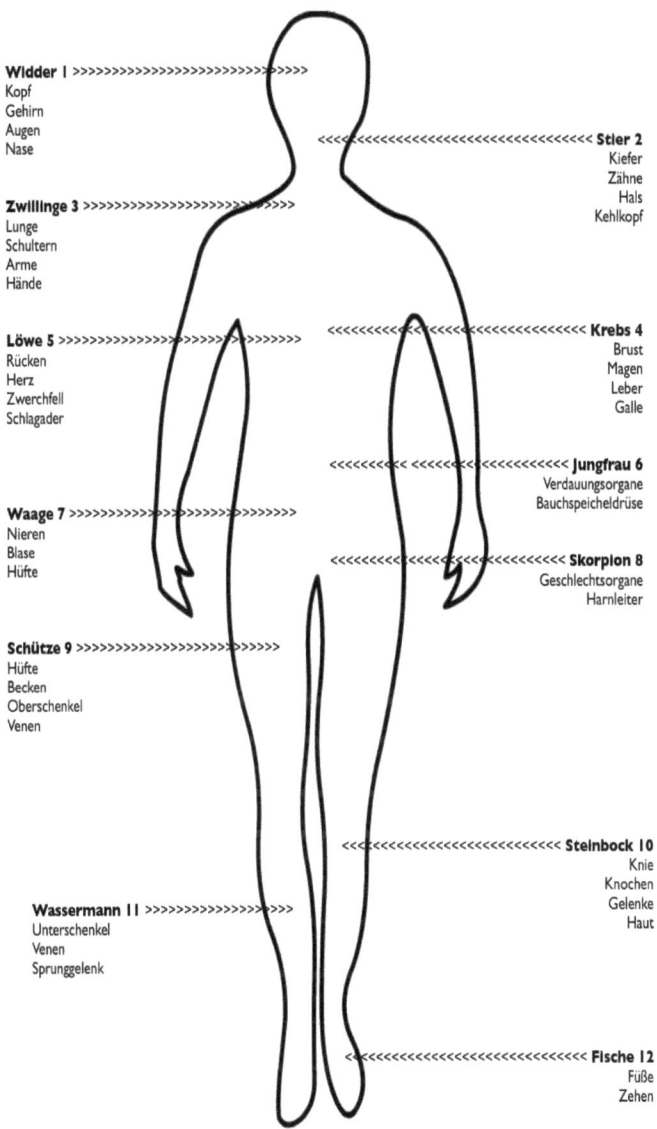

Widder 1 >>>>>>>>>>>>>>>>>>>>>>>>>>>>>
Kopf
Gehirn
Augen
Nase

<<<<<<<<<<<<<<<<<<<<<<<<<<<<<< **Stier 2**
Kiefer
Zähne
Hals
Kehlkopf

Zwillinge 3 >>>>>>>>>>>>>>>>>>>>>>>>
Lunge
Schultern
Arme
Hände

Löwe 5 >>>>>>>>>>>>>>>>>>>>>>>>>>
Rücken
Herz
Zwerchfell
Schlagader

<<<<<<<<<<<<<<<<<<<<<<<<<< **Krebs 4**
Brust
Magen
Leber
Galle

<<<<<<<<<<<<<<<<<<<<<< **Jungfrau 6**
Verdauungsorgane
Bauchspeicheldrüse

Waage 7 >>>>>>>>>>>>>>>>>>>>>>>>>
Nieren
Blase
Hüfte

<<<<<<<<<<<<<<<<<<<<<< **Skorpion 8**
Geschlechtsorgane
Harnleiter

Schütze 9 >>>>>>>>>>>>>>>>>>>>>>>>
Hüfte
Becken
Oberschenkel
Venen

<<<<<<<<<<<<<<<<<<<<<<<<<<< **Steinbock 10**
Knie
Knochen
Gelenke
Haut

Wassermann 11 >>>>>>>>>>>>>>>>>>
Unterschenkel
Venen
Sprunggelenk

<<<<<<<<<<<<<<<<<<<<<<<<<<<< **Fische 12**
Füße
Zehen

zunehmender Mond bis Vollmond

zunehmender Mond

- *Der zunehmende Mond ist die Zeit für Schonung und Erholung.*
- *Er unterstützt alles was den Körper aufbaut und ihn kräftigt.*

Alles was dem Körper zugeführt wird, wirkt 2 Wochen doppelt gut.

Je mehr der Mond zunimmt, desto ungünstiger die Heilung von Operationen und Verletzungen.

- kein Peeling

- Gesichtsmasken zum Aufbau der Haut

- keine Körperhaare entfernen (soweit möglich)
  vor allem an Jungfrau und Löwe

- keine Hornhaut entfernen

- keine Sonnenbäder
  es kommt leichter zu einem Sonnenbrand

- man nimmt leichter zu
  bei gleicher Nahrungsmenge wie im abnehmenden Mond

- Hausarbeiten
  kein idealer Zeitpunkt
  möglichst nur das Dringendste erledigen

- Waschtage
  kein idealer Zeitpunkt
  Wäsche wird bei gleicher Waschmittelmenge nicht mehr so sauber
  möglichst nur das Nötigste waschen

zunehmender Mond bis Vollmond

Vollmond

• *Die Kraft von Vollmond macht sich stark bemerkbar!*

Der Körper nimmt besonders gut auf was ihm zugeführt wird >>
>> an Vollmond
>> aber auch schon 2 - 3 Tage vor Vollmond

Der Vollmond ist perfekt für einen Obst- und Gemüsetag!

An Vollmond gesammelte Kräuter haben die größte Kraft.

Keine Impfungen an Vollmond und auch nicht 2 - 3 Tage vorher.

Keine Operationen (Ausnahmen natürlich >> Notoperationen).

Wunden bluten stärker.

Warzenbehandlungen beginnen (siehe abnehmender Mond).

2 Tage vor und an Vollmond keine Hornhaut entfernen.

2 Tage vor und an Vollmond keine größeren Reinigungsarbeiten.

Düngen >
> besonders gut, wenn der Vollmond in Fische, Krebs, Skorpion steht.

Es kommt leicht zu einem Wetterwechsel.

abnehmender Mond bis Neumond

abnehmender Mond

- *Der abnehmende Mond ist die Zeit für Energieverausgabung und Aktivität.*
- *Er ist ideal für alles was reinigt und ausschwemmt.*

- Operationen gelingen besser

- Krampfadern behandeln/operieren:
  immer abnehmender Mond!
  nicht an > Steinbock, Wassermann, Fische!!!

- zum Zahnarzt
  das Zeichen Stier, möglichst auch Widder meiden!!!

- Hühneraugen entfernen - aber nicht an Fische!!!

- Warzen behandeln
  an Vollmond beginnen, an Neumond unbedingt aufhören!

- Hornhaut weg - außer an Fische und Steinbock

- Körperhaare entfernen - nicht an Jungfrau und Löwe

- Peeling
- Hautunreinheiten entfernen
- Gesichtsmasken zur intensiven Hautreinigung

- Sonnenbäder - führen zu dauerhafter Bräune

- man kann mehr essen
  nimmt nicht so leicht zu - manchmal sogar ab

- 15 (16) Uhr - 17 (18) Uhr viel trinken
  spült Blase und Nieren durch!!!

- Hausarbeiten - leichter, schneller, gründlicher

- Fenster putzen - an Luft- und Wassertagen

- Waschtage - an Wassertagen

- Holzböden wischen - NICHT an Wassertagen

abnehmender Mond bis Neumond

abnehmender Mond

- Schuhe putzen
  vor allem zum Saisonende > Sommer-/Winterschuhe
  eine Erstimprägnierung hält fast das ganze Schuhleben

- Arbeiten in Garten und Natur sind begünstigt

- Düngen - nur an Fische, Krebs, Skorpion

- Früchte und Kräuter
  ernten/sammeln, trocknen, abfüllen und lagern

Neumond

- *Die Entgiftungsbereitschaft des Körpers ist Stunden und Tage vor Neumond am größten.*

- *Ein Fastentag an Neumond ist besonders wirkungsvoll.*

- *Dieser Tag ist besonders geeignet für einen Neubeginn oder um schlechte Gewohnheiten abzulegen.*

Bei Neumond steht der Mond im selben Tierkreis wie die Sonne.

Auch der Neumond ist perfekt für einen Obst- und Gemüsetag!
Den ganzen abnehmenden Mond bis Neumond besonders viel Trinken.

Es kommt leicht zu einem Wetterwechsel.

Von allen Pflanzen und Bäumen, die nicht mehr wachsen wollen,
die Spitzen kappen.

Widder

Kopf, Gehirn, Augen, Nase

Sinnesorgane

abnehmender Mond > zunehmender Mond > aufsteigender Mond		April - Oktober Oktober - April	
Element >	Feuer Wärmetag	Pflanzenteil >	Frucht

Gesundheit

Migränetage >

> an Widdertagen viel klares Wasser trinken

> auf Kaffee, Schokolade, Zucker verzichten

> **Kritische Widdertage!!!**
  März – April – September – Oktober

nicht zum Zahnarzt an Widder und Stier!!!

kein Sonnenbad bei zunehmendem Mond

Schönheit

bei abnehmendem Mond
- gegen Tränensäcke
  2 Pfefferkörner morgens vor dem Frühstück kauen
- Peeling - aber nur 1 x im Monat

Körperhaare entfernen

keine Haare schneiden > führt zu kahlen Stellen am Kopf

Haushalt

bei abnehmendem Mond
- Hausarbeiten

lange lüften

im Herbst das 1. Mal heizen

Frucht-/Eiweißtage

auch Obst- und Gemüsetage

die Frucht-/Eiweißqualität ist günstig für die Sinnesorgane

Element >> Feuer >> Wärmetag

Pflanzenteil >> Frucht

Farbe >> ROT

der Mond steht im Tierkreiszeichen >>
>> Widder
>> Löwe
>> Schütze

Eiweißtag

beobachten >
Sie vertragen mehr oder weniger Eiweiß
pflanzlich oder tierisch

Stoffwechselschwächen
führen zu einer Übersäuerung des Milieus, diese Übersäuerung
führt wiederum zu einer Reihe von gesundheitlichen Störungen

zum Beispiel >>
Umsetzen von Eiweiß schlecht >>>
Sie werden anfällig für Nierenleiden und rheumatische Beschwerden

Obsttag

beobachten > was vertrage ich?
Kern- oder Steinobst?
rohes oder gekochtes Obst?

bei unklaren Symptomen wie
Darmbeschwerden, unreine Haut, Rötungen, Kopfjucken >
kein rohes Obst!

Wenn man sein Obst an diesen Tagen gut verträgt,
dann 2 - 3 Tage besonders viel davon essen!!!

Rot

Widder - Löwe - Schütze

- wirkt besonders stark - ob als Obst/Gemüse/Saft
- aktiviert die Leber
- hat entgiftende und ausscheidende Kraft
- befreit von Verstopfung und Verschleimung
- günstig bei Eisenmangel

- regt schöpferische, vitale, erdhafte Energie an
- fördert Leidenschaft und spontanes, mutiges Handeln
- muntert auf, bringt Schwung und Mut, neue Ideen umzusetzen

Amethyst

Heilstein für Sinnesorgane

Dieser Stein stärkt die Konzentration und eignet sich hervorragend zur Meditation. Er fördert die Intuition.

So macht uns der Amethyst ruhiger, gelöster und befreit uns von seelischen Belastungen und Ängsten. Ebenso fördert er das Selbstvertrauen und hilft uns, leichter vom Alltag abzuschalten.

Er ist ein guter Helfer bei Kopfschmerzen und Schmerzen im Allgemeinen.

Gegen Magenschmerzen die von Stress, Ärger oder Nervosität herrühren, hilft der Amethyst auch sehr gut.

Bei Schlafstörungen die durch aufwachen und nicht mehr einschlafen (oft durch zu viele Gedanken im Kopf) verursacht werden, ist es ratsam einen Amethyst in die Hand zu nehmen oder unter das Kopfkissen zu legen.

Stier

Kiefer, Zähne, Hals, Mandeln, Kehlkopf, Ohren, Nacken, Schilddrüse

Blutkreislauf

abnehmender Mond > zunehmender Mond > aufsteigender Mond	Mai - November November - Mai

Element >	Erde Kältetag	Pflanzenteil >	Wurzel

Gesundheit

Tees + Medikamente gegen Heiserkeit, Halsschmerzen, Mandelentzündungen

an Stiertagen täglich ein Salbeiblatt kauen
(oder eine Tasse Salbeitee trinken)
> hält Mund- und Magenbereich gesund, stärkt die Abwehrkräfte

nicht zum Zahnarzt an Widder und Stier!

Schönheit

bei abnehmendem Mond
- Körperhaare entfernen
- Massagen
- Hautunreinheiten entfernen

bei zunehmendem Mond
- pflegende, aufbauende Maßnahmen für Hals und Dekolleté

keine Haare schneiden > führt zu kahlen Stellen am Kopf!

Haushalt

nur kurz lüften

allzu stark wachsende Stauden im abnehmenden Mond zurechtstutzen

Salztage

die Salzqualität ist günstig für den Blutkreislauf

Element >> Erde >> Kältetag

Pflanzenteil >> Wurzel

Farbe >> BLAU

der Mond steht im Tierkreiszeichen >>
>> Stier
>> Jungfrau
>> Steinbock

Salztag

beobachten   >
Sie vertragen mehr oder weniger Salz
Salztage verstärken die Wirkung von Salz

Stoffwechselschwächen
führen zu einer Übersäuerung des Milieus, diese Übersäuerung führt
wiederum zu einer Reihe von gesundheitlichen Störungen

zum Beispiel >>
Abbau von Salz ist schlecht >>>
Körper beginnt Wasser zu speichern

Blau

Stier - Jungfrau - Steinbock

- wirkt immer stärkend
- blaugefärbte Speisen entwickeln eine starke Kraft

- beruhigend
- ausgleichend
- schmerzstillend
- entzündungshemmend
- schlaffördernd
- kühlend (bei Fieber und Verbrennungen)
- macht ruhig und gelassen

Hämatit

Heilstein für Blutkreislauf

Er fördert Dynamik und Vitalität, aktiviert die Willens- und Tatkraft. Regt Spontanität, Entschlusskraft und Lebensmut an.

Für Kreislauf, Blutreinigung, Zell- und Blutaufbau, Leber, heilt Wunden. Gegen Verspannungen, Eisenmangel.

Hämatit ist der „Blutstein". Diesen Namen hat er nicht nur, weil der sonst silbrig schimmernde Stein beim Bohren rot „blutet", sondern auch, weil er eine umfassend positive und regulierende Wirkung auf unser Blut hat.

Er regt die Blutbildung an, sorgt für schnelleres Abklingen von Blutungen und Blutergüssen, bei Krampfadern, Gefäßverengungen und Schlafstörungen.

Stärkt Leber, Milz, Lunge und Nieren; fördert die Wundschließung und Ausheilung.

Zwillinge

Lunge, Schultern, Arme, Hände

Drüsensystem

abnehmender Mond > zunehmender Mond > absteigender Mond	Juni - Dezember Dezember - Juni		
Element >	Luft Luft-/Lichttag	Pflanzenteil >	Blüte

Gesundheit

Rheumabeschwerden - an Zwillinge schlägt gern das Wetter um

Schulterbereich eincremen mit geeigneten Salben

kein Zahnziehen oder Kieferoperationen
(möglichst alle Luftzeichen meiden)

bei abnehmendem Mond
• Massagen (Osteopath/Chiro)
  zur Entspannung, Entkrampfung, Entgiftung

bei zunehmendem Mond
• Massagen (Osteopath/Chiro)
  zur Regeneration, Kräftigung

Schönheit

keine Nagelpflege

Sonnenlicht wirkt doppelt stark

Haushalt

bei abnehmendem Mond
• Hausarbeiten
• Fenster putzen

bei zunehmendem Mond
• aussäen und setzen von Blumen und Heilkräutern

lange lüften

nicht gießen - gießen an Lichttagen lockt Schädlinge an!

Öltage

Öl-/Fettqualität ist günstig für das Drüsensystem

Element >> Luft >> Luft-/Lichttag

Pflanzenteil >> Blüte

Farbe >> GELB

der Mond steht im Tierkreiszeichen >>
>> Zwillinge
>> Waage
>> Wassermann

Öltag

beobachten >
Sie vertragen mehr oder weniger Fett
pflanzlich oder tierisch

AUSPROBIEREN bei zunehmendem Mond:
was vertrage ich besser >
große Mengen tierisches Fett (Butter z.B.)
oder
große Mengen pflanzliche Öle

an Waage zwischen 15 Uhr und 17 Uhr
(Sommerzeit 16 Uhr bis 18 Uhr)
viel trinken um Blase und Nieren durchzuspülen

möglichst >
• stilles Mineralwasser
• Brennnesseltee (perfekt)
• Kräutertee

Vitamin C Mangel ausgleichen - am Besten mit Wildkräutern
sie haben 10x mehr Vitamin C als die gleiche Menge Grüngemüse.

Gelb

Zwillinge - Waage - Wassermann

- über gelbe Lebensmittel freuen sich besonders Leber und Galle
- regt die Verdauungssäfte an
- hilft bei Verdauungsstörungen und Darmträgheit
- geistige und nervöse Erschöpfungszustände
- Depressionen
- aktiviert Lymphsystem
- hilft bei **Leberschäden**

- geistige Inspiration
- macht munter
- unterstützt Drüsenfunktion
- stärkt Nerven
- aktiviert Schleimhäute
- unterstützt Denkprozesse

Diese Tage zur Nervenstärkung und Unterstützung der Drüsenfunktion nutzen.

Bergkristall

Heilstein für Drüsensystem

Der Bergkristall vermittelt klares und ruhiges Denken und bringt uns deshalb Erholung von Stress und Hektik.

Er entspannt, beruhigt, macht gelassen, aber wach. Tags getragen, erleichtert er nachts das Einschlafen, das Aufstehen am Morgen fällt leicht. Bergkristall führt zu sehr klaren Träumen. Bei Zerschlagenheit gibt der Bergkristall wieder neue Energie.

Er wirkt auf viele Organe und wird überall eingesetzt wo es um Reinigung und Beruhigung geht. Gegen negative Energie, Elektrosmog, Wasseradern, Stauungen und Blockaden.

Dem Bergkristall wird ein positiver Einfluss nachgesagt bei Augenleiden, Kopf- und Rückenschmerzen, Schilddrüsen-Erkrankungen, Übergewicht, Hautkrankheiten und Verdauungsproblemen.

Krebs

Brust, Magen, Leber, Galle

Nervensystem

abnehmender Mond > **zunehmender Mond >** *absteigender Mond*	**Juli - Januar** **Januar - Juli**		
Element >	Wasser Wassertag	Pflanzenteil >	Blatt

Gesundheit

Gesamtbefinden - leichte Unruhe! - Einfluß auf Brust vorherrschend!!

wenn diese Organe empfindlich sind - etwas Gutes für sie tun!
- keine durchzechten Nächte > Leber!
- leichte Kost > Magen!
- ausheilen und ausführen giftiger Stoffe von Sommer bis Winter
  da abnehmender Mond (Juli bis Januar)

Schönheit

keine Haare schneiden (waschen) - Haare werden widerspenstig/struppig

kein Peeling

kein Sonnenbad

Haushalt

bei abnehmendem Mond
- Fenster putzen
- Wäsche waschen

keine Hausarbeit

Blumen gießen

ACHTUNG: Betten nicht ans Fenster oder nach draußen, nur kurz lüften!
Feuchtigkeit bleibt in den Betten oder Räumen.

Kohlenhydrattage

Kohlenhydratqualität ist günstig für das Nervensystem

(Brot, Nudeln, Mehlspeisen, Kuchen, Kartoffel, Zucker usw.)

Element >> Wasser >> Wassertage

Pflanzenteil >> Blatt

Farbe >> GRÜN

der Mond steht im Tierkreiszeichen >>
>> Krebs
>> Skorpion
>> Fische

Kohlenhydrattag

beobachten >
Getreidenahrungsmittel > was vertrage ich besser >
> nur Roggen oder nur Weizen
> mehr oder weniger Roggen/Weizen

Stoffwechselschwächen
führen zu einer Übersäuerung des Milieus, diese Übersäuerung führt
wiederum zu einer Reihe von gesundheitlichen Störungen

zum Beispiel >>
Kohlenhydratstoffwechsel >>>
Diabetes oder/und Fettleibigkeit

Fischetage
alles zu sich genommene wirkt doppelt intensiv!!!

• alles ‚Gute' doppelt gut
  aber auch
• alles ‚Schlechte' doppelt schlecht

dies betrifft Ernährung und Lebenswandel!

GRÜN

Krebs - Skorpion - Fische

- regulierend für den Stoffwechsel
- regenerierend für Muskeln und Bindegewebe
- B-Vitamine wirken sich günstig auf das Nervensystem aus
- in allen grünen Gemüsesorten ist viel Vitamin E (fettlöslich)
- auch Weizenkeime, Milch, Butter, Salat

- ausgleichend und neutralisierend
- Hoffnung, Harmonie, Heilung, natürliches Reifen
- Gleichgewicht zwischen Leber und Milz
- stärkt das vegetative Nervensystem

- grün in der Kleidung und Spaziergänge im Grünen haben
  eine besondere Kraft
- Brustbereich schützen und hinaus in die Natur
- tief ein- und ausatmen

Turmalin schwarz ‚Schörl'

Heilstein für Nevensystem

Schwarze Turmaline sind mit die kräftigsten Schutzsteine für den Körper und unsere Seele, welche unsere eigenen Wünsche, mehr Selbstbwusstsein und Lebensziele fördern.

Aufgrund seiner guten Leitfähigkeit und seinem Reichtum an Mineralstoffen ist Turmalin ein dynamischer, aufbauender und belebender Heilstein. Er hilft Geist, Seele, Verstand und Körper zu einer harmonischen Einheit zu verbinden.

Geistig ermöglicht Schörl, eine gelassene, neutrale Haltung einzunehmen. Er vermindert negative Gedanken und hilft bei Stress und Belastungen.

Körperlich wirkt Schörl entspannend und schmerzlindernd. Er lindert Arthritis, Legasthenie, Herzkrankheiten, Ängste, Prostataprobleme. Stärkt das Muskel-, Lymph-, Nervensystem und regt die Tätigkeit des gesamten Stoffwechsels an.

Er kann daher bei allen Schwächezuständen/Mangelerscheinungen verwendet werden.

Löwe

Rücken, Herz, Zwerchfell, Schlagader

Sinnesorgane

abnehmender Mond > zunehmender Mond > absteigender Mond		August - Februar Februar - August	
Element >	Feuer Wärmetag	Pflanzenteil >	Frucht

Gesundheit

**Herz spielt ein wenig verrückt – manchmal schon an Krebs
zu spüren!!!**
Blutkreislauf „singt"! - Schlaflose Nächte!
Rücken schmerzt stärker!

auch schon an Löwe keine blähungsfördernden Speisen >

>> das Zwerchfell drückt oft bis zum Herzen

>> dadurch kann es zu Herzschmerzen/Beklemmungen/Angst kommen

>> es entsteht der Eindruck eines Herzinfarktes

beginnen für Jungfrau >

>> Gesundung und Kräftigung der Verdauungsorgane

Schönheit

bei zunehmendem Mond
• kein Sonnenbad
• Haare schneiden - Haare werden dicker und länger

KEINE Körperhaare entfernen - bei zu- und abnehmendem Mond!

Haushalt

bei abnehmendem Mond
• Hausarbeiten
• was trocknen soll, trocknet bei Löwe besonders schnell

lange lüften

im Herbst das 1. Mal heizen

Rasen ansähen - wächst dichter (vor allem bei zunehmendem Mond)

Frucht-/Eiweißtage

auch Obst- und Gemüsetage

die Frucht-/Eiweißqualität ist günstig für die Sinnesorgane

Element >> Feuer >> Wärmetag

Pflanzenteil >> Frucht

Farbe >> ROT

der Mond steht im Tierkreiszeichen >>
>> Widder
>> Löwe
>> Schütze

Eiweißtag

beobachten >
Sie vertragen mehr oder weniger Eiweiß
pflanzlich oder tierisch

Stoffwechselschwächen
führen zu einer Übersäuerung des Milieus, diese Übersäuerung
führt wiederum zu einer Reihe von gesundheitlichen Störungen

zum Beispiel >>
Umsetzen von Eiweiß schlecht >>>
Sie werden anfällig für Nierenleiden und rheumatische Beschwerden

Obsttag

beobachten > was vertrage ich?
Kern- oder Steinobst?
rohes oder gekochtes Obst?

bei unklaren Symptomen wie
Darmbeschwerden, unreine Haut, Rötungen, Kopfjucken >
kein rohes Obst!

Wenn man sein Obst an diesen Tagen gut verträgt,
dann 2 - 3 Tage besonders viel davon essen!!!

Rot

Widder - Löwe - Schütze

- wirkt besonders stark - ob als Obst/Gemüse/Saft
- aktiviert die Leber
- hat entgiftende und ausscheidende Kraft
- befreit von Verstopfung und Verschleimung
- günstig bei Eisenmangel

- regt schöpferische, vitale, erdhafte Energie an
- fördert Leidenschaft und spontanes, mutiges Handeln
- muntert auf, bringt Schwung und Mut, neue Ideen umzusetzen

Amethyst

Heilstein für Sinnesorgane

Dieser Stein stärkt die Konzentration und eignet sich hervorragend zur Meditation. Er fördert die Intuition.

So macht uns der Amethyst ruhiger, gelöster und befreit uns von seelischen Belastungen und Ängsten. Ebenso fördert er das Selbstvertrauen und hilft uns, leichter vom Alltag abzuschalten.

Er ist ein guter Helfer bei Kopfschmerzen und Schmerzen im Allgemeinen.

Gegen Magenschmerzen die von Stress, Ärger oder Nervosität herrühren, hilft der Amethyst auch sehr gut.

Bei Schlafstörungen die durch aufwachen und nicht mehr einschlafen (oft durch zu viele Gedanken im Kopf) verursacht werden, ist es ratsam einen Amethyst in die Hand zu nehmen oder unter das Kopfkissen zu legen.

Jungfrau

Verdauungsorgane, Bauchspeicheldrüse

Blutkreislauf

abnehmender Mond > zunehmender Mond > absteigender Mond		September - März März - September	
Element >	Erde Kältetag	Pflanzenteil >	Wurzel

Gesundheit

alle Verdauungsorgane kann man an Jungfrau optimal unterstützen!!
- Jungfrau bringt an den Tag ob man sich richtig oder falsch ernährt
- saure Nahrungsmittel wirken ausgleichend auf Leber und Galle
- keine schweren, fetten Speisen
- bei Verstopfung ein Glas lauwarmes Wasser vor dem Frühstück

Kräuter frisch oder als Tee
mit Wirkung auf Magen, Darm, Bauchspeicheldrüse

> entgiften während abnehmendem Mond (September bis März)

Schönheit

bei zunehmendem Mond
- Haare schneiden - Haare wachsen schneller

KEINE Körperhaare entfernen - bei zu- und abnehmendom Mond!

Haushalt

nur kurz lüften

NIEMALS Kräuter ernten zum Lagern und Konservieren!!!!
(egal welcher Mondstand)

idealer Gartentag!!!
- umsetzen von Pflanzen da absteigender Mond - am Besten im
  Frühjahr und Herbst, da auch noch zunehmender Mond
- Rasen ansähen - wächst schneller (bei zunehmendem Mond)
- anpflanzen von Sträuchern und Hecken die schneller wachsen sollen

Salztage

die Salzqualität ist günstig für den Blutkreislauf

Element >> Erde >> Kältetag

Pflanzenteil >> Wurzel

Farbe >> BLAU

der Mond steht im Tierkreiszeichen >>
>> Stier
>> Jungfrau
>> Steinbock

Salztag

beobachten >
Sie vertragen mehr oder weniger Salz
Salztage verstärken die Wirkung von Salz

Stoffwechselschwächen
führen zu einer Übersäuerung des Milieus, diese Übersäuerung führt
wiederum zu einer Reihe von gesundheitlichen Störungen

zum Beispiel >>
Abbau von Salz ist schlecht >>>
Körper beginnt Wasser zu speichern

Blau

Stier - Jungfrau - Steinbock

- wirkt immer stärkend
- blaugefärbte Speisen entwickeln eine starke Kraft

- beruhigend
- ausgleichend
- schmerzstillend
- entzündungshemmend
- schlaffördernd
- kühlend (bei Fieber und Verbrennungen)
- macht ruhig und gelassen

Hämatit

Heilstein für Blutkreislauf

Er fördert Dynamik und Vitalität, aktiviert die Willens- und Tatkraft.
Regt Spontanität, Entschlusskraft und Lebensmut an.

Für Kreislauf, Blutreinigung, Zell- und Blutaufbau, Leber, heilt Wunden.
Gegen Verspannungen, Eisenmangel.

Hämatit ist der „Blutstein". Diesen Namen hat er nicht nur, weil der
sonst silbrig schimmernde Stein beim Bohren rot „blutet", sondern
auch, weil er eine umfassend positive und regulierende Wirkung auf
unser Blut hat.

Er regt die Blutbildung an, sorgt für schnelleres Abklingen von
Blutungen und Blutergüssen, bei Krampfadern, Gefäßverengungen
und Schlafstörungen.

Stärkt Leber, Milz, Lunge und Nieren; fördert die Wundschließung
und Ausheilung.

Waage

Hüfte, Nieren, Blase

Drüsensystem

abnehmender Mond > zunehmender Mond > absteigender Mond	Oktober - April April - Oktober		
Element >	Luft Luft-/Lichttag	Pflanzenteil >	Blüte

Gesundheit

zwischen 15 Uhr und 17 Uhr (Sommerzeit 16 Uhr bis 18 Uhr) viel trinken
um Blase und Nieren durchzuspülen

möglichst > stilles Mineralwasser, Brennnesseltee (perfekt), Kräutertee
es kommt an diesen Tagen leichter zu Blasen- und Nierenentzündungen
Blase und Nieren warm halten!!!

Vitamin C Mangel ausgleichen - am Besten mit Wildkräutern -
sie haben 10x mehr Vitamin C als die gleiche Menge Grüngemüse

kein Zahnziehen oder Kieferoperationen
(möglichst alle Luftzeichen meiden)

Schönheit

Haut- und Bindegewebsschwäche >
> an Waagetagen (und möglichst den ganzen abnehmenden Mond)
die Problemzonen mit rauem Handschuh bürsten und mit
entsprechendem Öl massieren

Sonnenlicht wirkt doppelt stark

Haushalt

bei abnehmendem Mond
• Hausarbeiten
• Fenster putzen
bei zunehmendem Mond
• aussäen und setzen von Blumen und Heilkräutern

lange lüften

nicht gießen - gießen an Lichttagen lockt Schädlinge an!

Öltage

Öl-/Fettqualität ist günstig für das Drüsensystem

Element >> Luft >> Luft-/Lichttag

Pflanzenteil >> Blüte

Farbe >> GELB

der Mond steht im Tierkreiszeichen >>
>> Zwillinge
>> Waage
>> Wassermann

Öltag

beobachten >
Sie vertragen mehr oder weniger Fett
pflanzlich oder tierisch

AUSPROBIEREN bei zunehmendem Mond:
was vertrage ich besser >
große Mengen tierisches Fett (Butter z.B.)
oder
große Mengen pflanzliche Öle

an Waage zwischen 15 Uhr und 17 Uhr
(Sommerzeit 16 Uhr bis 18 Uhr)
viel trinken um Blase und Nieren durchzuspülen

möglichst >
• stilles Mineralwasser
• Brennnesseltee (perfekt)
• Kräutertee

Vitamin C Mangel ausgleichen - am Besten mit Wildkräutern
sie haben 10x mehr Vitamin C als die gleiche Menge Grüngemüse.

Gelb

Zwillinge - Waage - Wassermann

- über gelbe Lebensmittel freuen sich besonders Leber und Galle
- regt die Verdauungssäfte an
- hilft bei Verdauungsstörungen und Darmträgheit
- geistige und nervöse Erschöpfungszustände
- Depressionen
- aktiviert Lymphsystem
- hilft bei **Leberschäden**

- geistige Inspiration
- macht munter
- unterstützt Drüsenfunktion
- stärkt Nerven
- aktiviert Schleimhäute
- unterstützt Denkprozesse

Diese Tage zur Nervenstärkung und Unterstützung der Drüsenfunktion nutzen.

Bergkristall

Heilstein für Drüsensystem

Der Bergkristall vermittelt klares und ruhiges Denken und bringt uns deshalb Erholung von Stress und Hektik.

Er entspannt, beruhigt, macht gelassen, aber wach. Tags getragen, erleichtert er nachts das Einschlafen, das Aufstehen am Morgen fällt leicht. Bergkristall führt zu sehr klaren Träumen. Bei Zerschlagenheit gibt der Bergkristall wieder neue Energie.

Er wirkt auf viele Organe und wird überall eingesetzt wo es um Reinigung und Beruhigung geht. Gegen negative Energie, Elektrosmog, Wasseradern, Stauungen und Blockaden.

Dem Bergkristall wird ein positiver Einfluss nachgesagt bei Augenleiden, Kopf- und Rückenschmerzen, Schilddrüsen-Erkrankungen, Übergewicht, Hautkrankheiten und Verdauungsproblemen.

Skorpion

Geschlechtsorgane, Harnleiter

Nervensystem

abnehmender Mond > **zunehmender Mond >** *absteigender Mond*	**November - Mai** **Mai - November**	
Element >	Wasser Wassertag	Pflanzenteil >	Blatt

Gesundheit

wirkt am stärksten auf Geschlechtsorgane und Harnleiter!!!
(Harnleiter besonders empfindlich!)

>>> Sitzbäder! (auch 2x täglich 2 Tassen Kräutertee trinken)

sehr gut für das Aussäen von Heilkräutern
sehr gut für das Sammeln von Heilkräutern (außer Freitag und Samstag!!)

gesammelte Kräuter sind besonders heilkräftig > fast wie an Vollmond

Schönheit

kein Peeling

keine Nagelpflege - weicht die Nägel auf!

kein Sonnenbad

Haushalt

bei abnehmendem Mond
• Fenster putzen
• Wäsche waschen

keine Hausarbeit

Blumen gießen

ACHTUNG: Betten nicht ans Fenster oder nach draußen, nur kurz lüften!
Feuchtigkeit bleibt in den Betten oder Räumen.

Kohlenhydrattage

Kohlenhydratqualität ist günstig für das Nervensystem

(Brot, Nudeln, Mehlspeisen, Kuchen, Kartoffel, Zucker usw.)

Element >> Wasser >> Wassertage

Pflanzenteil >> Blatt

Farbe >> GRÜN

der Mond steht im Tierkreiszeichen >>
>> Krebs
>> Skorpion
>> Fische

Kohlenhydrattag

beobachten >
Getreidenahrungsmittel > was vertrage ich besser >
> nur Roggen oder nur Weizen
> mehr oder weniger Roggen/Weizen

Stoffwechselschwächen
führen zu einer Übersäuerung des Milieus, diese Übersäuerung führt
wiederum zu einer Reihe von gesundheitlichen Störungen

zum Beispiel >>
Kohlenhydratstoffwechsel >>>
Diabetes oder/und Fettleibigkeit

Fischetage
alles zu sich genommene wirkt doppelt intensiv!!!

- alles ‚Gute' doppelt gut
  aber auch
- alles ‚Schlechte' doppelt schlecht

dies betrifft Ernährung und Lebenswandel!

GRÜN

Krebs - Skorpion - Fische

- regulierend für den Stoffwechsel
- regenerierend für Muskeln und Bindegewebe
- B-Vitamine wirken sich günstig auf das Nervensystem aus
- in allen grünen Gemüsesorten ist viel Vitamin E (fettlöslich)
- auch Weizenkeime, Milch, Butter, Salat

- ausgleichend und neutralisierend
- Hoffnung, Harmonie, Heilung, natürliches Reifen
- Gleichgewicht zwischen Leber und Milz
- stärkt das vegetative Nervensystem

- grün in der Kleidung und Spaziergänge im Grünen haben
  eine besondere Kraft
- Brustbereich schützen und hinaus in die Natur
- tief ein- und ausatmen

Turmalin schwarz ‚Schörl'

Heilstein für Nevensystem

Schwarze Turmaline sind mit die kräftigsten Schutzsteine für den
Körper und unsere Seele, welche unsere eigenen Wünsche, mehr
Selbstbwusstsein und Lebensziele fördern.

Aufgrund seiner guten Leitfähigkeit und seinem Reichtum an
Mineralstoffen ist Turmalin ein dynamischer, aufbauender und
belebender Heilstein. Er hilft, Geist, Seele, Verstand und Körper
zu einer harmonischen Einheit zu verbinden.

Geistig ermöglicht Schörl, eine gelassene, neutrale Haltung einzunehmen.
Er vermindert negative Gedanken und hilft bei Stress und Belastungen.

Körperlich wirkt Schörl entspannend und schmerzlindernd. Er lindert
Arthritis, Legasthenie, Herzkrankheiten, Ängste, Prostataprobleme.
Stärkt das Muskel-, Lymph-, Nervensystem und regt die Tätigkeit des
gesamten Stoffwechsels an.

Er kann daher bei allen Schwächezuständen/Mangelerscheinungen
verwendet werden.

Schütze

Hüfte, Becken, Darm- + Kreuzbein, Ischiasnerv, Oberschenkel, Venen

Sinnesorgane

abnehmender Mond > **zunehmender Mond >** aufsteigender Mond	**Dezember - Juni** **Juni - Dezember**

Element >	Feuer Wärmetag	Pflanzenteil >	Frucht

Gesundheit

oft schmerzt das Kreuz bis zu den Oberschenkeln, weil das Wetter gerne umschlägt!

- besonders an Schütze spürt man die Venenregion unangenehm
- um so wichtiger, sämtliche Körperregionen zum Fließen zu bringen und Stauungen aufzulösen
- eine Massage wirkt oft Wunder

Schönheit

Orangenhaut >
> Oberschenkel massieren - mit Gewebestraffröl
>> bel Vollmond beginnen und im darauffolgenden, abnehmenden Mond weitermachen

kein Sonnenbad bei zunehmendem Mond

Haushalt

bei abnehmendem Mond
- Hausarbeiten

lange lüften

im Herbst das 1. Mal heizen

Frucht-/Eiweißtage

auch Obst- und Gemüsetage

die Frucht-/Eiweißqualität ist günstig für die Sinnesorgane

Element >> Feuer >> Wärmetag

Pflanzenteil >> Frucht

Farbe >> ROT

der Mond steht im Tierkreiszeichen >>
>> Widder
>> Löwe
>> Schütze

Eiweißtag

beobachten >
Sie vertragen mehr oder weniger Eiweiß
pflanzlich oder tierisch

Stoffwechselschwächen
führen zu einer Übersäuerung des Milieus, diese Übersäuerung
führt wiederum zu einer Reihe von gesundheitlichen Störungen

zum Beispiel >>
Umsetzen von Eiweiß schlecht >>>
Sie werden anfällig für Nierenleiden und rheumatische Beschwerden

Obsttag

beobachten > was vertrage ich?
Kern- oder Steinobst?
rohes oder gekochtes Obst?

bei unklaren Symptomen wie
Darmbeschwerden, unreine Haut, Rötungen, Kopfjucken >
kein rohes Obst!

Wenn man sein Obst an diesen Tagen gut verträgt,
dann 2 - 3 Tage besonders viel davon essen!!!

Rot

Widder - Löwe - Schütze

- wirkt besonders stark - ob als Obst/Gemüse/Saft
- aktiviert die Leber
- hat entgiftende und ausscheidende Kraft
- befreit von Verstopfung und Verschleimung
- günstig bei Eisenmangel

- regt schöpferische, vitale, erdhafte Energie an
- fördert Leidenschaft und spontanes, mutiges Handeln
- muntert auf, bringt Schwung und Mut, neue Ideen umzusetzen

Amethyst

Heilstein für Sinnesorgane

Dieser Stein stärkt die Konzentration und eignet sich hervorragend zur Meditation. Er fördert die Intuition.

So macht uns der Amethyst ruhiger, gelöster und befreit uns von seelischen Belastungen und Ängsten. Ebenso fördert er das Selbstvertrauen und hilft uns, leichter vom Alltag abzuschalten.

Er ist ein guter Helfer bei Kopfschmerzen und Schmerzen im Allgemeinen.

Gegen Magenschmerzen die von Stress, Ärger oder Nervosität herrühren, hilft der Amethyst auch sehr gut.

Bei Schlafstörungen die durch aufwachen und nicht mehr einschlafen (oft durch zu viele Gedanken im Kopf) verursacht werden, ist es ratsam einen Amethyst in die Hand zu nehmen oder unter das Kopfkissen zu legen.

Steinbock

Knie, Knochen, Gelenke, Haut

Blutkreislauf

abnehmender Mond > zunehmender Mond > aufsteigender Mond		Januar - Juli Juli - Januar	
Element >	Erde Kältetag	Pflanzenteil >	Wurzel

Gesundheit

starke Belastung der Knochen – besonders der Knie! – vermeiden!
>>> an diesen Tagen bei Meniskusbeschwerden keinesfalls übertreiben!!!

perfekt für Zahnreinigung im abnehmenden Mond

neu gekaufte Schuhe drücken häufig!!!
deshalb mit dem ersten Tragen bis Fische warten

Schönheit

perfekt für jede Form der Haut- und Körperpflege!!!

bei abnehmendem Mond	**bei zunehmendem Mond**

• Peeling
• Hautunreinheiten entfernen
• Maske zur Hautreinigung
• Körperhaare entfernen
• Nägel schneiden und feilen
  (siehe auch Freitagsregel!)
	• Maske zum Aufbau
	• Nägel schneiden und feilen
	  (siehe auch Freitagsregel!)

kein Sonnenbad bei zu- und abnehmendem Mond

keine Hornhaut entfernen

keine Haare schneiden

Haushalt

nur kurz lüften

Unkraut jäten bei abnehmendem Mond

Salztage

die Salzqualität ist günstig für den Blutkreislauf

Element >> Erde >> Kältetag

Pflanzenteil >> Wurzel

Farbe >> BLAU

der Mond steht im Tierkreiszeichen >>
>> Stier
>> Jungfrau
>> Steinbock

Salztag

beobachten >
Sie vertragen mehr oder weniger Salz
Salztage verstärken die Wirkung von Salz

Stoffwechselschwächen
führen zu einer Übersäuerung des Milieus, diese Übersäuerung führt
wiederum zu einer Reihe von gesundheitlichen Störungen

zum Beispiel >>
Abbau von Salz ist schlecht >>>
Körper beginnt Wasser zu speichern

Blau

Stier - Jungfrau - Steinbock

- wirkt immer stärkend
- blaugefärbte Speisen entwickeln eine starke Kraft

- beruhigend
- ausgleichend
- schmerzstillend
- entzündungshemmend
- schlaffördernd
- kühlend (bei Fieber und Verbrennungen)
- macht ruhig und gelassen

Hämatit

Heilstein für Blutkreislauf

Er fördert Dynamik und Vitalität, aktiviert die Willens- und Tatkraft.
Regt Spontanität, Entschlusskraft und Lebensmut an.

Für Kreislauf, Blutreinigung, Zell- und Blutaufbau, Leber, heilt Wunden.
Gegen Verspannungen, Eisenmangel.

Hämatit ist der „Blutstein". Diesen Namen hat er nicht nur, weil der
sonst silbrig schimmernde Stein beim Bohren rot „blutet", sondern
auch, weil er eine umfassend positive und regulierende Wirkung auf
unser Blut hat.

Er regt die Blutbildung an, sorgt für schnelleres Abklingen von
Blutungen und Blutergüssen, bei Krampfadern, Gefäßverengungen
und Schlafstörungen.

Stärkt Leber, Milz, Lunge und Nieren; fördert die Wundschließung
und Ausheilung.

Wassermann

Unterschenkel, Venen, Sprunggelenk

Drüsensystem

abnehmender Mond > zunehmender Mond > aufsteigender Mond	Februar - August August - Februar		
Element >	Luft Luft-/Lichttag	Pflanzenteil >	Blüte

Gesundheit

SCHLECHTESTER TERMIN für Behandlung oder Operation von Krampfadern/Besenreißern!!!

an diesen Tagen häufig Venenentzündungen

Beine hoch lagern!!! - keine langen Stadtbummel!!!

- Ursache von Krampfadern und Venenproblemen ist schlechtes Blut
- in Ordnung bringen mit Entgiften und gesunder Ernährung
- Lebensmittel, Kleidung, Umschläge mit Gelb

kein Zahnziehen oder Kieferoperationen
(möglichst alle Luftzeichen meiden)

Schönheit

Massagen von Wade bis Kniekehle mit Entschlackungsöl
Sonnenlicht wirkt doppelt stark

Haushalt

großer Hausputz im Frühjahr (Lufttage), da abnehmender Mond und Fische (Wassertage) folgen für weitere gründliche Reinigung

bei abnehmendem Mond
- Hausarbeiten
- Fenster putzen

bei zunehmendem Mond
- aussäen und setzen von Blumen und Heilkräutern

lange lüften

nicht gießen - gießen an Lichttagen lockt Schädlinge an!

Öltage

Öl-/Fettqualität ist günstig für das Drüsensystem

Element >> Luft >> Luft-/Lichttag

Pflanzenteil >> Blüte

Farbe >> GELB

der Mond steht im Tierkreiszeichen >>
>> Zwillinge
>> Waage
>> Wassermann

Öltag

beobachten >
Sie vertragen mehr oder weniger Fett
pflanzlich oder tierisch

AUSPROBIEREN bei zunehmendem Mond:
was vertrage ich besser >
große Mengen tierisches Fett (Butter z.B.)
oder
große Mengen pflanzliche Öle

an Waage zwischen 15 Uhr und 17 Uhr
(Sommerzeit 16 Uhr bis 18 Uhr)
viel trinken um Blase und Nieren durchzuspülen

möglichst >
• stilles Mineralwasser
• Brennnesseltee (perfekt)
• Kräutertee

Vitamin C Mangel ausgleichen - am Besten mit Wildkräutern
sie haben 10x mehr Vitamin C als die gleiche Menge Grüngemüse.

Gelb

Zwillinge - Waage - Wassermann

- über gelbe Lebensmittel freuen sich besonders Leber und Galle
- regt die Verdauungssäfte an
- hilft bei Verdauungsstörungen und Darmträgheit
- geistige und nervöse Erschöpfungszustände
- Depressionen
- aktiviert Lymphsystem
- hilft bei **Leberschäden**

- geistige Inspiration
- macht munter
- unterstützt Drüsenfunktion
- stärkt Nerven
- aktiviert Schleimhäute
- unterstützt Denkprozesse

Diese Tage zur Nervenstärkung und Unterstützung der Drüsenfunktion nutzen.

Bergkristall

Heilstein für Drüsensystem

Der Bergkristall vermittelt klares und ruhiges Denken und bringt uns deshalb Erholung von Stress und Hektik.

Er entspannt, beruhigt, macht gelassen, aber wach. Tags getragen, erleichtert er nachts das Einschlafen, das Aufstehen am Morgen fällt leicht. Bergkristall führt zu sehr klaren Träumen. Bei Zerschlagenheit gibt der Bergkristall wieder neue Energie.

Er wirkt auf viele Organe und wird überall eingesetzt wo es um Reinigung und Beruhigung geht. Gegen negative Energie, Elektrosmog, Wasseradern, Stauungen und Blockaden.

Dem Bergkristall wird ein positiver Einfluss nachgesagt bei Augenleiden, Kopf- und Rückenschmerzen, Schilddrüsen-Erkrankungen, Übergewicht, Hautkrankheiten und Verdauungsproblemen.

Fische

Füße, Zehen

Nervensystem

abnehmender Mond > zunehmender Mond > *aufsteigender Mond*	März - September September - März		
Element >	Wasser Wassertag	Pflanzenteil >	Blatt

Gesundheit

Hühneraugen/Warzen an den Füßen - behandeln - nicht operieren

kräftig die Zehenspitzen massieren
zur Vorbeugung und Behandlung von Erkältungen

wärmende Einlagen in den Schuhen gegen Erkältungen

bei Schweißfüßen - Fußbad in Salbeitee

keine Krampfadern behandeln oder operieren

Fußreflexzonen-Massage

Schönheit

- keine Haare schneiden (waschen) - führt zu Schuppenbildung
- Nasen- und Ohrenhaare weg - werden feiner und piksen nicht
- kein Peeling
- keine Nagelpflege
- keine Hornhaut
- kein Sonnenbad

Haushalt

großer Hausputz im Frühjahr (Wassertage), da abnehmender Mond und gleich nach Wassermann (Lufttage)!

bei abnehmendem Mond
- Fenster putzen
- Wäsche waschen

Blumen gießen

ACHTUNG: Betten nicht ans Fenster oder nach draußen, nur kurz lüften!
Feuchtigkeit bleibt in den Betten oder Räumen.

Kohlenhydrattage

Kohlenhydratqualität ist günstig für das Nervensystem

(Brot, Nudeln, Mehlspeisen, Kuchen, Kartoffel, Zucker usw.)

Element >> Wasser >> Wassertage

Pflanzenteil >> Blatt

Farbe >> GRÜN

der Mond steht im Tierkreiszeichen >>
>> Krebs
>> Skorpion
>> Fische

Kohlenhydrattag

beobachten >
Getreidenahrungsmittel > was vertrage ich besser >
> nur Roggen oder nur Weizen
> mehr oder weniger Roggen/Weizen

Stoffwechselschwächen
führen zu einer Übersäuerung des Milieus, diese Übersäuerung führt
wiederum zu einer Reihe von gesundheitlichen Störungen

zum Beispiel >>
Kohlenhydratstoffwechsel >>>
Diabetes oder/und Fettleibigkeit

Fischetage
alles zu sich genommene wirkt doppelt intensiv!!!

- alles ‚Gute' doppelt gut
  aber auch
- alles ‚Schlechte' doppelt schlecht

dies betrifft Ernährung und Lebenswandel!

GRÜN

Krebs - Skorpion - Fische

- regulierend für den Stoffwechsel
- regenerierend für Muskeln und Bindegewebe
- B-Vitamine wirken sich günstig auf das Nervensystem aus
- in allen grünen Gemüsesorten ist viel Vitamin E (fettlöslich)
- auch Weizenkeime, Milch, Butter, Salat

- ausgleichend und neutralisierend
- Hoffnung, Harmonie, Heilung, natürliches Reifen
- Gleichgewicht zwischen Leber und Milz
- stärkt das vegetative Nervensystem

- grün in der Kleidung und Spaziergänge im Grünen haben eine besondere Kraft
- Brustbereich schützen und hinaus in die Natur
- tief ein- und ausatmen

Turmalin schwarz ‚Schörl'

Heilstein für Nevensystem

Schwarze Turmaline sind mit die kräftigsten Schutzsteine für den Körper und unsere Seele, welche unsere eigenen Wünsche, mehr Selbstbwusstsein und Lebensziele fördern.

Aufgrund seiner guten Leitfähigkeit und seinem Reichtum an Mineralstoffen ist Turmalin ein dynamischer, aufbauender und belebender Heilstein. Er hilft, Geist, Seele, Verstand und Körper zu einer harmonischen Einheit zu verbinden.

Geistig ermöglicht Schörl, eine gelassene, neutrale Haltung einzunehmen. Er vermindert negative Gedanken und hilft bei Stress und Belastungen.

Körperlich wirkt Schörl entspannend und schmerzlindernd. Er lindert Arthritis, Legasthenie, Herzkrankheiten, Ängste, Prostataprobleme. Stärkt das Muskel-, Lymph-, Nervensystem und regt die Tätigkeit des gesamten Stoffwechsels an.

Er kann daher bei allen Schwächezuständen/Mangelerscheinungen verwendet werden.

Gesundheit	
abnehmender Mond bis Neumond	**zunehmender Mond bis Vollmond**
der abnehmende Mond fördert Ihre Energie und Aktivität - diese Zeit ist ideal für alles was reinigt und ausschwemmt	der zunehmende Mond lädt ein zu Schonung und Erholung er unterstützt alles was den Körper aufbaut und ihn kräftigt alles was dem Körper zugeführt wird, wirkt 2 Wochen doppelt gut
Bedeutung • Sie putzen und waschen die 14 Tage im abnehmenden Mond bis zum Neumond • Sie entschlacken >> Sauna >> Basen-Vollbäder >> Kräutertee für Blase und Niere • Sie nehmen leichter ab trotz gleicher Menge Nahrung >> also etwas weniger essen und Sie nehmen mehr ab!	Bedeutung • Sie ruhen sich an Vollmond und die ca. 14 Tage vorher während des zunehmenden Mondes aus • Sie tun nichts Anstrengendes • Sie erholen sich • Vitamine, Mineralstoffe, Spurenelemente, Kräutertees für Ausgleich, Ruhe und guten Schlaf wirken doppelt gut! **Sie entschleunigen!!**
Stunden und Tage vor Neumond ist die Entgiftungsbereitschaft des Körpers am größten ein Fastentag an Neumond ist besonders wirkungsvoll	die Kraft von Vollmond macht sich stark bemerkbar! der Körper nimmt besonders gut auf was ihm zugeführt wird >> >> an Vollmond >> aber auch schon 2 - 3 Tage vor Vollmond
der Neumond ist perfekt für einen Obst- und Gemüsetag! während des ganzen abnehmenden Mondes bis Neumond besonders viel Trinken	auch der Vollmond ist perfekt für einen Obst- und Gemüsetag! an Vollmond gesammelte Kräuter haben die größte Kraft

Grundtabelle - Tierkreiszeichen

Tierkreis-zeichen	Element	Organsystem	Pflanzenteil	Nahrungs-qualität
Widder	Feuer Wärmetag	Sinnesorgane	Frucht	Eiweiß Obst-/Gemüsetag
Stier	Erde Kältetag	Blutkreislauf	Wurzel	Salz
Zwillinge	Luft Luft-/Lichttag	Drüsensystem	Blüte	Fett/Öl
Krebs	Wasser Wassertag	Nervensystem	Blatt	Kohlenhydrate
Löwe	Feuer Wärmetag	Sinnesorgane	Frucht	Eiweiß Obst-/Gemüsetag
Jungfrau	Erde Kältetag	Blutkreislauf	Wurzel	Salz
Waage	Luft Luft-/Lichttag	Drüsensystem	Blüte	Fett/Öl
Skorpion	Wasser Wassertag	Nervensystem	Blatt	Kohlenhydrate
Schütze	Feuer Wärmetag	Sinnesorgane	Frucht	Eiweiß Obst-/Gemüsetag
Steinbock	Erde Kältetag	Blutkreislauf	Wurzel	Salz
Wassermann	Luft Luft-/Lichttag	Drüsensystem	Blüte	Fett/Öl
Fische	Wasser Wassertag	Nervensystem	Blatt	Kohlenhydrate

Grundtabelle - Nahrungsqualität

Nahrungsqualität	Pflanzenteil	Element	Tierkreiszeichen
Eiweiß Obst-/Gemüsetag	Frucht	Feuer Wärmetag	Widder Löwe Schütze
Salz	Wurzel	Erde Kältetag	Stier Jungfrau Steinbock
Fett/Öl	Blüte	Luft Luft-/Lichttag	Zwillinge Waage Wassermann
Kohlenhydrate	Blatt	Wasser Wassertag	Krebs Skorpion Fische

Leben mit dem Mond - Ernähren mit dem Mond

Das Wissen über den Einfluss des Mondes auf Körper, Geist und Seele erfahren und leben.

Mit der Unterstützung des Mondes zur richtigen Zeit handeln und dadurch unsere Lebensqualität steigern.

Zum richtigen Zeitpunkt handeln bedeutet

Vollmond • Neumond • zunehmenden Mond • abnehmenden Mond

in unseren Tagesablauf einzubeziehen. Immer in Verbindung mit dem jeweiligen Tierkreiszeichen in dem der Mond sich gerade aufhält.

Lernen Sie den Umgang mit den Mondphasen und wie Sie mit diesem Wissen Ihren Tagesablauf erleichtern.

Erkennen Sie, welchen Einfluss die Mondphasen und deren Stand in den Tierkreiszeichen auf unser Essverhalten oder die Verträglichkeit bestimmter Speisen hat.

Organ-Rhythmus		
Organ	Hochphase	Tiefphase
Leber	1 - 3 Uhr	3 - 5 Uhr
Lunge	3 - 5 Uhr	5 - 7 Uhr
Dickdarm	5 - 7 Uhr	7 - 9 Uhr
Magen	7 - 9 Uhr	9 - 11 Uhr
Milz/Bauchspeicheldrüse	9 - 11 Uhr	11 - 13 Uhr
Herz	11 - 13 Uhr	13 - 15 Uhr
Dünndarm	13 - 15 Uhr	15 - 17 Uhr
Harnblase	15 - 17 Uhr	17 - 19 Uhr
Nieren	17 - 19 Uhr	19 - 21 Uhr
Kreislauf	19 - 21 Uhr	21 - 23 Uhr
allgemeine Energiesammlung	21 - 23 Uhr	23 - 1 Uhr
Gallenblase	23 - 1 Uhr	1 - 3 Uhr

Beispiele:
- Blutreinigungstees
  zwischen 15 und 19 Uhr
- Nickerchen
  zwischen 13 und 15 Uhr
- kein Frühstück
  nach 9 Uhr
- wenigerr rauchen und trinken
  zwischen 1 und 7 Uhr

wenn man die Hoch-/Tiefphasen der Organe kennt, kann man das Ausschwemmen von Giften oder das Zuführen von Heilmitteln bzw. jede dem Wohlbefinden und der Gesundheit dienende Maßnahme - unabhängig vom Mondstand - zum richtigen Zeitpunkt vornehmen

Haare schneiden/Haare entfernen	
Steinbock	**Ideal** zur Entfernung aller unerwünschten Körperhaare – vor allem im abnehmenden Mond!
Widder	**Sehr gut** zur Entfernung aller unerwünschten Körperhaare – vor allem im abnehmenden Mond! Allerdings kann es zu kahlen Stellen am Kopf führen!
Stier	**Sehr gut** zur Entfernung aller unerwünschten Körperhaare – vor allem im abnehmenden Mond! Allerdings kann es zu kahlen Stellen am Kopf führen!
Löwe	Haare schneiden: **ideal** wenn die **Haare dicker** werden sollen – vor allem im zunehmenden Mond!
Jungfrau	Haare schneiden: **ideal** wenn die **Haare schneller wachsen** sollen – vor allem im zunehmenden Mond!
Krebs	Die Haare sollten weder gewaschen noch geschnitten werden. Sie werden struppig und widerspenstig!
Fische	Die Haare sollten weder gewaschen noch geschnitten werden. Es kann zu Schuppenbildung kommen.
Zwillinge Waage Skorpion Schütze Wassermann	**Neutral** sind alle restlichen Tage des Jahres!

Warzenbehandlung

Warzen, Muttermale, Blutschwämme
immer bei **abnehmendem Mond** behandeln!!!

Sollte die Prozedur an Neumond nicht erfolgreich abgeschlossen sein,
unbedingt aufhören und ab dem nächsten Vollmond weitermachen.

Schöllkraut – jeden Tag die Warze mit frischem Schöllkrautsaft einreiben.
Am Vollmondtag beginnen, an Neumond aufhören, auch wenn die Warze
schon vorher verschwunden ist.

VORSICHT – Schöllkraut ist giftig.
Nicht einnehmen oder an Schleimhäute bringen!

Knoblauch – jeden Tag behandeln.
Am Vollmondtag beginnen, an Neumond aufhören, auch wenn die
Warze vorher verschwunden ist.
Die Behandlung mit Knoblauch hilft für Dornwarzen (Fußsohlen)
aber auch für andere Warzen!

Anwendung >>>
- In ein Pflaster ein Loch schneiden, so groß wie die Warze selbst
  und auf die Warze kleben, so dass diese frei bleibt.
- Eine Knoblauchzehe halbieren und mit einem weiteren Pflaster
  auf der Warze fixieren.
- Abends behandeln und über Nacht bis zum nächsten Morgen
  einwirken lassen.
- Dann – möglichst nach dem Duschen – abnehmen und an jedem
  Abend mit einer frischen Knoblauchzehe wiederholen.
- Die Warze wird langsam schwarz und kann ganz einfach
  herausgehoben werden.

Apfel vergraben – klappt nur in der Vollmondnacht!

Einen Apfel halbieren, die Warze damit einstreichen (egal wo sie
sich befindet!) und den halben Apfel in der Vollmondnacht im
Garten vergraben. Eine „normalgroße" Warze ist meistens weg.
Größere Warzen werden sichtbar kleiner und die Behandlung sollte
in der nächsten Vollmondnacht wiederholt werden.

Tipps

Nägel schneiden und feilen immer Freitag nach Sonnenuntergang!!!
Samstag generell schlecht für Nagelpflege.

Karfreitag zwischen 11 und 12 Uhr (12 und 13 Uhr)
gewaschene Haare werden nicht grau!

Schuhe bei abnehmendem Mond imprägnieren!!!

Mittwoch vormittags gesäte Petersilie geht leicht auf!

18. Juni bis 12 (13) Uhr - ein besonderer Tag >

> Stauden und Unkraut die/das nicht nachwachsen soll(en) jäten
   > es wächst nichts nach.

> Vielleicht wirkt es auch bei Augenbrauen!!!!
   > also Vorsicht, nicht zuviel wegnehmen.

auf- und absteigender Mond

Hat nichts mit den Mondphasen zu tun, also damit ob er gerade ab- oder zunimmt. Hängt mit dem Stand des Mondes im Tierkreis zusammen.

Allen Tierkreiszeichen, die die Sonne in ihrem Jahreslauf von der Wintersonnwende (21. Dezember) bis zur Sommersonnwende (21. Juni) durchwandert (Schütze bis Stier bzw. Zwillinge) wohnt eine aufsteigende Kraft inne – die Kraft des Winters und des Frühlings.
(Zunahme, Expansion, Wachstum, Blüte)

In der 2. Jahreshälfte (Juni bis Dezember) herrscht absteigende Kraft (Zwillinge bis Skorpion bzw. Schütze) – Kraft von Sommer und Herbst.
(Reife, Ernte, Niedergang, Ausruhen)

Zwillinge und Schütze sind Wendepunkte und können nicht eindeutig einer der beiden Kräfte zugeordnet werden.

Aufsteigender Mond >> Säfte ziehen nach oben – oberirdische Pflanzen.
Absteigender Mond >> Säfte ziehen nach unten – Wurzelpflanzen.

aufsteigende Zeichen 'Erntezeit'	absteigende Zeichen 'Pflanzzeit'
Zeit für ernten, haltbar machen, lagern, einkellern	Pflanzenrückschnitt alternativ zum abnehmenden Mond
außer an Fischetagen >> >> nur zum sofortigen Gebrauch ernten	
Schütze Steinbock Wassermann Fische Widder Stier (Zwillinge)	Zwillinge Krebs Löwe Jungfrau Waage Skorpion (Schütze)

Und nicht zuletzt!!

Zum Leben mit dem Mond und zur gesunden,
abwechslungsreichen Ernährung
brauchen wir alle dringend!!!

! Quellwasser
! Kräutertee

! Bewegung
! frische Luft

! Sonnenbäder